The Strongest Ostrich in the World And Other Bilingual French-English Stories for Kids

Pomme Bilingual

Published by Pomme Bilingual, 2024.

THE STRONGEST OSTRICH IN THE WORLD AND OTHER BILINGUAL FRENCH-ENGLISH STORIES FOR KIDS

First edition. July 10, 2024.

Copyright © 2024 Pomme Bilingual.

ISBN: 979-8227685834

Written by Pomme Bilingual.

Table of Contents

Le Dragon

Dans une vallée lointaine entourée de montagnes majestueuses, vivait un dragon nommé Zéphyr. Contrairement aux dragons typiques de contes de fées, Zéphyr n'aimait pas terroriser les villages ou accumuler des trésors scintillants. Non, Zéphyr était un dragon artiste, célèbre pour ses magnifiques danses aériennes et ses spirales acrobatiques qui illuminaient le ciel comme des feux d'artifice.

Un jour, alors qu'il préparait une grande performance pour le Festival des Nuages, Zéphyr sentit une douleur aiguë dans son aile gauche. Il tenta de l'ignorer, pensant que ce n'était qu'une petite gêne passagère, mais la douleur persistait et devenait de plus en plus intense. Inquiet, il décida de rendre visite à Madame Hortense, la sage tortue guérisseuse de la vallée.

« Ah, Zéphyr, mon cher ami ! » dit-elle en le voyant arriver, son œil perçant scrutant immédiatement l'aile endolorie. « Laisse-moi voir ça. »

Avec douceur et expertise, Madame Hortense examina l'aile de Zéphyr.

« Hm, ce n'est pas bon, » murmura-t-elle. « Tu as un zèle cassé, mon cher. Il te faudra du repos et un peu de magie pour guérir complètement. »

« Un zèle cassé ? Mais le Festival des Nuages ! Comment vais-je faire ? » s'exclama Zéphyr, le désespoir dans les yeux.

Madame Hortense sourit calmement.

« Parfois, les obstacles nous offrent des opportunités de découvrir de nouvelles façons de briller, » répondit-elle énigmatiquement. « Reste avec moi quelques jours. Je vais te préparer une potion spéciale et nous trouverons ensemble une solution. »

Zéphyr soupira mais accepta. Pendant qu'il se reposait chez Madame Hortense, il eut beaucoup de temps pour réfléchir. Il observa les autres créatures de la vallée, notant comment elles surmontaient leurs propres défis. Il remarqua une colonie de fourmis travaillant ensemble pour transporter une feuille bien plus grande qu'elles, et un oiseau avec une aile blessée chantant encore plus mélodieusement pour attirer ses amis.

Inspiré par leur résilience, Zéphyr commença à envisager des moyens de participer au festival sans voler. Il pensa à la danse qu'il aimait tant, mais cette fois, il danserait sur le sol, en utilisant sa grâce naturelle et la puissance de sa présence pour créer un spectacle tout aussi captivant.

Quand le jour du Festival des Nuages arriva, Zéphyr était prêt. La nouvelle de son aile blessée s'était répandue, et tout le monde était venu le soutenir, curieux de voir ce qu'il avait préparé. Il fit son entrée avec assurance, malgré l'incapacité de voler.

Il dansa comme jamais auparavant, chaque mouvement au sol chargé d'émotion et de force. Sa queue dessinait des motifs complexes dans la poussière, ses griffes frappaient le sol en rythme, et ses yeux brillaient d'une détermination féroce. La foule regardait, émerveillée par la beauté et l'originalité de sa performance.

À la fin, il y eut un silence stupéfait, suivi d'une ovation tonitruante. Zéphyr sourit, reconnaissant de voir que ses efforts avaient porté leurs fruits. Il avait trouvé une nouvelle façon de briller, même sans ses acrobaties aériennes.

Madame Hortense, fière de son protégé, lui fit un clin d'œil depuis la foule.

« Parfois, » dit-elle en s'approchant de lui après le spectacle, « il faut juste un peu de magie et beaucoup de courage pour transformer une difficulté en opportunité. »

Zéphyr acquiesça, sentant une vague de gratitude l'envahir. Sa blessure finirait par guérir, mais ce qu'il avait appris sur lui-même ce jour-là resterait avec lui pour toujours. Et il savait que, peu importe les défis à venir, il trouverait toujours un moyen de voler, d'une manière ou d'une autre.

The Dragon

In a distant valley surrounded by majestic mountains lived a dragon named Zephyr. Unlike typical fairy tale dragons, Zephyr didn't enjoy terrorizing villages or hoarding glittering treasures. No, Zephyr was an artist dragon, famous for his magnificent aerial dances and acrobatic spirals that lit up the sky like fireworks.

One day, as he was preparing a grand performance for the Cloud Festival, Zephyr felt a sharp pain in his left wing. He tried to ignore it, thinking it was just a fleeting inconvenience, but the pain persisted and grew more intense. Worried, he decided to visit Madame Hortense, the wise turtle healer of the valley.

"Ah, Zephyr, my dear friend!" she said upon seeing him, her keen eye immediately examining the sore wing. "Let me take a look."

With gentleness and expertise, Madame Hortense examined Zephyr's wing.

"Hmm, this is not good," she murmured. "You have a broken zeal, my dear. You will need rest and a bit of magic to heal completely."

"A broken zeal? But the Cloud Festival! How will I perform?" exclaimed Zephyr, despair in his eyes.

Madame Hortense smiled calmly.

"Sometimes, obstacles give us opportunities to discover new ways to shine," she replied enigmatically. "Stay with me for a few days. I will prepare a special potion, and we will find a solution together."

Zephyr sighed but agreed. While he rested at Madame Hortense's, he had a lot of time to think. He observed the other creatures in the valley, noting how they overcame their own challenges. He noticed a colony of ants working together to carry a leaf much larger than themselves, and a bird with an injured wing singing even more melodiously to attract its friends.

Inspired by their resilience, Zephyr began to consider ways to participate in the festival without flying. He thought about the dance he loved so much, but this time, he would dance on the ground, using his natural grace and the power of his presence to create an equally captivating spectacle.

When the day of the Cloud Festival arrived, Zephyr was ready. News of his injured wing had spread, and everyone had come to support him, curious to see what he had prepared. He entered with confidence, despite his inability to fly.

He danced like never before, every movement on the ground charged with emotion and strength. His tail drew intricate patterns in the dust, his claws struck the ground rhythmically, and his eyes shone with fierce determination. The crowd watched, amazed by the beauty and originality of his performance.

At the end, there was a stunned silence, followed by thunderous applause. Zephyr smiled, grateful to see his efforts had paid off.

He had found a new way to shine, even without his aerial acrobatics.

Madame Hortense, proud of her protégé, winked at him from the crowd.

"Sometimes," she said, approaching him after the show, "all it takes is a bit of magic and a lot of courage to turn a difficulty into an opportunity."

Zephyr nodded, feeling a wave of gratitude wash over him. His injury would eventually heal, but what he had learned about himself that day would stay with him forever. And he knew that, no matter the challenges to come, he would always find a way to fly, one way or another.

Le Hérisson Qui Aimait le Bruit

Il était une fois, dans la forêt tranquille de Bois-Joli, un hérisson nommé Hector. Contrairement aux autres hérissons qui préféraient la discrétion, Hector avait une passion pour le bruit. Il adorait faire du bruit, écouter du bruit, et même inventer des bruits. Cela, bien sûr, ne plaisait pas toujours à ses voisins.

Le jour se levait doucement sur Bois-Joli. Le soleil filtrait à travers les arbres, créant des motifs lumineux sur le sol de la forêt. Les oiseaux chantaient doucement, les lapins se réveillaient en silence, et tout semblait paisible. C'est alors qu'un grand BOUM résonna dans toute la forêt, suivi par un bruit de cloches et de tambours.

« Hector ! » s'écria Madame Hulotte, la chouette. « Que fais-tu encore ? »

Hector, tout souriant, apparut parmi les buissons avec un tambour autour du cou, une cloche dans une main et une trompette dans l'autre.

« Je fais de la musique, répondit-il fièrement. N'est-ce pas merveilleux ? »

Les animaux de la forêt, bien qu'habitués aux excentricités de leur voisin hérisson, n'étaient pas toujours enchantés par ses concerts improvisés.

« Hector, » soupira Monsieur Lapin, « pourrais-tu faire un peu moins de bruit ? Nous apprécions le calme ici. »

Hector fronça les sourcils. Il adorait la musique et le bruit, et ne comprenait pas pourquoi ses amis ne partageaient pas son enthousiasme.

Un jour, Hector eut une idée géniale. Il décida d'organiser un grand festival de bruit. Il passa des jours à préparer des instruments fabriqués à partir de tout ce qu'il trouvait : des noix de coco pour les tambours, des roseaux pour les flûtes, et même des casseroles pour les cymbales. Il invita tous les animaux à participer.

« Venez tous ! » s'exclama-t-il en affichant des posters dans toute la forêt. « Le Festival du Bruit d'Hector sera le plus grand événement de l'année ! »

Les animaux, bien que sceptiques, acceptèrent l'invitation par curiosité. Le jour du festival, Hector était aux anges. Il avait installé une grande scène au milieu de la clairière et avait distribué des instruments à tous ceux qui voulaient participer.

« Amis de la forêt, bienvenue au Festival du Bruit ! » cria-t-il dans un mégaphone. « Préparez-vous pour une expérience inoubliable ! »

Le festival commença avec Hector à la tête, jouant de la batterie avec énergie. Les oiseaux, peu habitués à de telles cacophonies, essayèrent de suivre avec leurs chants. Les écureuils grattèrent des morceaux de bois, et même les grenouilles croassèrent en rythme.

Mais au bout d'un moment, le bruit devint insupportable. Les animaux commencèrent à se boucher les oreilles, et certains partirent même se réfugier plus loin dans la forêt.

Hector remarqua que quelque chose n'allait pas. Il arrêta de jouer et regarda autour de lui. Ses amis semblaient malheureux et fatigués par tout ce vacarme.

« Qu'est-ce qui ne va pas ? » demanda-t-il, inquiet.

« Hector, » répondit doucement Madame Hulotte, « ce n'est pas que nous n'apprécions pas ta musique. Mais tout ce bruit, c'est trop pour nous. Nous aimons le calme et les sons doux de la forêt. »

Hector se sentit soudain très triste. Il ne voulait pas rendre ses amis malheureux. Il aimait simplement partager sa passion.

« Je suis désolé, » dit-il en posant ses baguettes de tambour. « Je ne voulais pas vous déranger. Je voulais juste que vous aimiez la musique comme moi. »

« Nous aimons la musique, Hector, » dit Monsieur Lapin en s'approchant. « Mais peut-être pourrions-nous trouver un compromis ? De la musique, oui, mais en douceur, en harmonie avec les sons de la nature. »

Hector réfléchit un moment, puis un sourire éclaira son visage.

« D'accord, » dit-il. « Essayons quelque chose de différent. »

Il prit une guitare acoustique qu'il avait fabriquée et commença à jouer doucement. Les notes s'envolèrent dans l'air, se mélangeant aux chants des oiseaux et aux bruissements des feuilles. Les animaux, surpris, commencèrent à se détendre. Certains fermèrent les yeux, se laissant bercer par la mélodie apaisante.

« C'est magnifique, Hector, » murmura Madame Hulotte. « Merci. »

Hector continua à jouer, heureux d'avoir trouvé une manière de partager sa passion sans déranger ses amis. Le Festival du Bruit devint alors le Festival de la Mélodie, un événement annuel où chaque animal apportait sa propre contribution musicale, en harmonie avec la forêt.

À partir de ce jour, Hector apprit l'importance de l'écoute et du respect des autres. Il découvrit que la musique, comme l'amitié, était une question d'équilibre et de partage. Et ainsi, Bois-Joli devint non seulement une forêt tranquille, mais aussi un lieu où résonnaient les plus belles mélodies, pour le plaisir de tous ses habitants.

The Hedgehog Who Loved Noise

Once upon a time, in the quiet forest of Pretty-Wood, lived a hedgehog named Hector. Unlike other hedgehogs who preferred discretion, Hector had a passion for noise. He loved making noise, listening to noise, and even inventing noises. This, of course, did not always please his neighbors.

The day dawned gently over Pretty-Wood. The sun filtered through the trees, creating luminous patterns on the forest floor. The birds sang softly, the rabbits woke up in silence, and everything seemed peaceful. Then a loud BOOM echoed throughout the forest, followed by the sounds of bells and drums.

"Hector!" cried Madame Owl. "What are you doing now?"

Hector, all smiles, appeared from the bushes with a drum around his neck, a bell in one hand, and a trumpet in the other.

"I'm making music," he replied proudly. "Isn't it wonderful?"

The forest animals, although used to their hedgehog neighbor's eccentricities, were not always thrilled by his impromptu concerts.

"Hector," sighed Mr. Rabbit, "could you make a little less noise? We appreciate the quiet here."

Hector frowned. He loved music and noise, and he didn't understand why his friends didn't share his enthusiasm.

One day, Hector had a brilliant idea. He decided to organize a big noise festival. He spent days preparing instruments made from everything he could find: coconuts for drums, reeds for flutes, and even pots and pans for cymbals. He invited all the animals to participate.

"Come one, come all!" he exclaimed, posting flyers throughout the forest. "Hector's Noise Festival will be the biggest event of the year!"

The animals, though skeptical, accepted the invitation out of curiosity. On the day of the festival, Hector was overjoyed. He had set up a big stage in the middle of the clearing and had distributed instruments to anyone who wanted to join.

"Friends of the forest, welcome to the Noise Festival!" he shouted into a megaphone. "Get ready for an unforgettable experience!"

The festival began with Hector leading, playing the drums energetically. The birds, unaccustomed to such cacophony, tried to follow with their songs. The squirrels scratched pieces of wood, and even the frogs croaked in rhythm.

But after a while, the noise became unbearable. The animals started covering their ears, and some even fled further into the forest.

Hector noticed something was wrong. He stopped playing and looked around. His friends seemed unhappy and tired of all the racket.

"What's wrong?" he asked, worried.

"Hector," said Madame Owl gently, "it's not that we don't appreciate your music. But all this noise, it's too much for us. We love the calm and the soft sounds of the forest."

Hector suddenly felt very sad. He didn't want to make his friends unhappy. He simply loved sharing his passion.

"I'm sorry," he said, putting down his drumsticks. "I didn't mean to disturb you. I just wanted you to love music like I do."

"We do love music, Hector," said Mr. Rabbit, approaching. "But maybe we could find a compromise? Music, yes, but softly, in harmony with the sounds of nature."

Hector thought for a moment, then a smile lit up his face.

"Alright," he said. "Let's try something different."

He took an acoustic guitar he had made and began to play softly. The notes floated into the air, blending with the birdsong and the rustling of leaves. The animals, surprised, began to relax. Some closed their eyes, letting themselves be lulled by the soothing melody.

"It's beautiful, Hector," murmured Madame Owl. "Thank you."

Hector continued to play, happy to have found a way to share his passion without disturbing his friends. The Noise Festival then became the Melody Festival, an annual event where each animal brought their own musical contribution, in harmony with the forest.

From that day on, Hector learned the importance of listening and respecting others. He discovered that music, like friendship, was a matter of balance and sharing. And so, Pretty-Wood became not only a quiet forest but also a place where the most beautiful melodies resonated, to the delight of all its inhabitants.

Le Pirate au Chapeau Magique

———

Dans les vastes étendues de l'océan Atlantique, vivait un pirate pas comme les autres. Il s'appelait Capitaine Victor Véloce. Contrairement aux autres pirates connus pour leur cruauté et leur soif de trésor, le Capitaine Victor avait une réputation bien plus intrigante. Il possédait un chapeau magique, un chapeau qui lui conférait des pouvoirs extraordinaires.

Le chapeau avait été trouvé dans une vieille malle lors d'une de ses nombreuses expéditions. Il était rouge, orné de plumes de paon et de pierres précieuses scintillantes. Dès qu'il le mit sur sa tête, Victor sentit une énergie étrange l'envahir. Il découvrit rapidement que le chapeau pouvait exaucer ses souhaits, mais seulement s'ils étaient faits pour de bonnes causes.

Un matin, alors que le soleil se levait à peine sur l'horizon, le Capitaine Victor et son équipage voguaient tranquillement sur la mer calme. Soudain, ils aperçurent une petite île qui n'était indiquée sur aucune carte. Intrigué, Victor décida de jeter l'ancre et d'explorer ce nouvel endroit.

« Aventure et mystère nous attendent, mes amis ! » s'écria Victor en sautant sur le sable fin de l'île.

Ses compagnons, tout aussi excités, le suivirent. Ils traversèrent une jungle dense, guidés par des chants d'oiseaux exotiques et des parfums de fleurs inconnues. Après plusieurs heures de marche, ils arrivèrent devant une grotte mystérieuse.

À l'entrée de la grotte, une inscription gravée dans la pierre attira leur attention :

« Ceux qui cherchent la vérité doivent affronter leurs peurs. »

Victor, sans hésiter, entra dans la grotte. À l'intérieur, ils trouvèrent un labyrinthe de tunnels sombres et humides. Le Capitaine Victor mit son chapeau magique et demanda :

« Chapeau magique, éclaire notre chemin et aide-nous à trouver la vérité. »

Le chapeau se mit à briller d'une lumière douce et les guida à travers le labyrinthe. Finalement, ils atteignirent une grande salle illuminée par une lumière étrange. Au centre de la salle se trouvait un coffre ancien, entouré de symboles mystérieux.

« Que contient-il ? » murmura un des marins.

Victor s'approcha prudemment du coffre et l'ouvrit. À l'intérieur, il trouva un parchemin ancien avec une écriture étrange.

« Ce parchemin semble contenir un message, » dit Victor en le déroulant.

Soudain, une voix mystérieuse résonna dans la grotte :

« Celui qui déchiffre ce message découvrira le plus grand trésor de l'humanité. »

Victor, déterminé à découvrir ce trésor, mit le parchemin dans son sac et fit signe à ses compagnons de retourner au bateau. De retour à bord, il étudia le parchemin pendant des jours, essayant de percer le mystère des symboles.

Un soir, alors qu'il était sur le pont, le chapeau magique se mit à briller intensément. Une idée traversa l'esprit de Victor. Il mit le chapeau et dit :

« Chapeau magique, aide-moi à déchiffrer ce parchemin. »

Les symboles sur le parchemin commencèrent à briller et se transformèrent en mots lisibles :

« Le plus grand trésor de l'humanité est l'amitié sincère et l'amour partagé. »

Victor sourit. Ce n'était pas le genre de trésor qu'il s'attendait à trouver, mais il comprit la sagesse du message. Il réalisa que toutes les aventures qu'il avait vécues, et les liens qu'il avait tissés avec son équipage, étaient le véritable trésor.

Le Capitaine Victor Véloce, désormais avec une nouvelle perspective, continua ses aventures avec son équipage, mais cette fois-ci, en cherchant non pas des richesses matérielles, mais des expériences enrichissantes et des amitiés durables.

The Pirate with the Magic Hat

In the vast expanse of the Atlantic Ocean, lived a pirate unlike any other. His name was Captain Victor Veloce. Unlike other pirates known for their cruelty and thirst for treasure, Captain Victor had a far more intriguing reputation. He possessed a magical hat, a hat that granted him extraordinary powers.

The hat had been found in an old trunk during one of his many expeditions. It was red, adorned with peacock feathers and glittering gemstones. As soon as he placed it on his head, Victor felt a strange energy fill him. He quickly discovered that the hat could grant his wishes, but only if they were made for good causes.

One morning, as the sun barely rose on the horizon, Captain Victor and his crew were sailing quietly on the calm sea. Suddenly, they spotted a small island that was not marked on any map. Intrigued, Victor decided to drop anchor and explore this new place.

"Adventure and mystery await us, my friends!" Victor exclaimed as he jumped onto the island's fine sand.

His companions, just as excited, followed him. They traversed a dense jungle, guided by exotic bird songs and scents of unknown flowers. After several hours of walking, they arrived at a mysterious cave.

At the cave entrance, an inscription carved into the stone caught their attention:

"Those who seek the truth must face their fears."

Without hesitation, Victor entered the cave. Inside, they found a labyrinth of dark, damp tunnels. Captain Victor put on his magic hat and asked:

"Magic hat, light our way and help us find the truth."

The hat began to glow with a soft light and guided them through the labyrinth. Finally, they reached a large room illuminated by a strange light. In the center of the room was an ancient chest, surrounded by mysterious symbols.

"What does it contain?" one of the sailors whispered.

Victor cautiously approached the chest and opened it. Inside, he found an ancient parchment with strange writing.

"This parchment seems to contain a message," Victor said as he unrolled it.

Suddenly, a mysterious voice echoed in the cave:

"He who deciphers this message will discover humanity's greatest treasure."

Determined to discover this treasure, Victor placed the parchment in his bag and signaled to his companions to return to the ship. Back on board, he studied the parchment for days, trying to unravel the mystery of the symbols.

One evening, as he was on the deck, the magic hat began to glow intensely. An idea crossed Victor's mind. He put on the hat and said:

"Magic hat, help me decipher this parchment."

The symbols on the parchment began to glow and transformed into readable words:

"The greatest treasure of humanity is sincere friendship and shared love."

Victor smiled. It was not the kind of treasure he had expected to find, but he understood the wisdom of the message. He realized that all the adventures he had experienced and the bonds he had forged with his crew were the true treasure.

Captain Victor Veloce, now with a new perspective, continued his adventures with his crew, but this time seeking not material riches but enriching experiences and lasting friendships.

Léo et le Marchand de Sable

Il était une fois, dans un petit village tranquille, un garçon nommé Léo. Léo était un garçon plein d'énergie et de curiosité. Il aimait explorer la forêt, inventer des histoires et jouer avec ses amis. Mais chaque nuit, quand il était temps d'aller au lit, Léo avait un gros problème : il n'arrivait jamais à s'endormir.

Sa mère lui lisait des histoires, son père lui chantait des berceuses, mais rien n'y faisait. Léo restait éveillé, les yeux grands ouverts, fixant le plafond de sa chambre. Chaque nuit, il écoutait les bruits de la maison, le tic-tac de l'horloge, le sifflement du vent, et même les ronflements de son chien, Bouboule.

Une nuit, alors qu'il se tournait et se retournait encore dans son lit, Léo aperçut une lumière étrange qui brillait à travers les rideaux de sa fenêtre. Curieux, il se leva et regarda dehors. À sa grande surprise, il vit un petit homme avec un chapeau pointu et une longue barbe argentée, tenant une lanterne dorée.

« Qui êtes-vous ? » demanda Léo en ouvrant la fenêtre.

« Je suis le Marchand de Sable, » répondit l'homme en souriant. « Je voyage chaque nuit pour aider les enfants comme toi à s'endormir. »

« Le Marchand de Sable ? » répéta Léo, les yeux écarquillés. « Vous pouvez vraiment m'aider à dormir ? »

« Bien sûr, » dit le Marchand de Sable. « Mais tu dois d'abord m'accompagner dans un voyage très spécial. »

Léo, excité par cette perspective, enfila rapidement ses pantoufles et sortit discrètement de la maison. Le Marchand de Sable lui tendit la main, et dès que Léo la prit, ils furent enveloppés d'une lumière douce et chaleureuse.

Ils se retrouvèrent dans un endroit magique, un royaume scintillant où les étoiles semblaient à portée de main. Des rivières de lait coulaient entre des collines de cookies, et des arbres en sucre d'orge parsemaient le paysage.

« Bienvenue dans le Royaume des Rêves, » dit le Marchand de Sable. « Ici, chaque étoile représente un rêve d'enfant. »

Léo était émerveillé. Il n'avait jamais rien vu d'aussi beau. Le Marchand de Sable l'emmena à travers le royaume, lui montrant des rêves de toutes sortes : des châteaux enchantés, des voyages dans l'espace, des aventures avec des animaux parlants.

« Pour t'aider à dormir, nous devons trouver ton rêve parfait, » expliqua le Marchand de Sable. « Celui qui te permettra de t'endormir paisiblement chaque nuit. »

Ils explorèrent de nombreux rêves, mais aucun ne semblait être le bon pour Léo. Finalement, ils arrivèrent à un lac cristallin où nageaient des poissons aux écailles d'or et d'argent. Le Marchand de Sable s'arrêta et regarda Léo.

« Le rêve parfait est souvent caché dans les endroits les plus paisibles, » dit-il doucement. « Ferme les yeux et imagine l'endroit où tu te sens le plus heureux. »

Léo ferma les yeux et pensa à toutes les choses qu'il aimait. Il imagina la forêt où il jouait avec ses amis, les histoires que sa mère lui lisait, les berceuses que son père lui chantait, et même les ronflements rassurants de Bouboule.

Soudain, une étoile brillante se détacha du ciel et descendit doucement vers Léo. Lorsqu'elle le toucha, il se sentit incroyablement calme et paisible. Il ouvrit les yeux et sourit au Marchand de Sable.

« Je crois que j'ai trouvé mon rêve parfait, » dit-il.

Le Marchand de Sable hocha la tête avec un sourire.

« Maintenant, il est temps de rentrer à la maison, » dit-il. « Garde ce rêve dans ton cœur et il t'aidera à t'endormir chaque nuit. »

En un clin d'œil, Léo se retrouva dans son lit, le cœur rempli de sérénité. Il ferma les yeux et pensa à son rêve parfait. En quelques instants, il s'endormit profondément, un sourire paisible sur son visage.

Depuis cette nuit-là, Léo n'eut plus jamais de mal à s'endormir. Chaque soir, il fermait les yeux et retournait dans le Royaume des Rêves, où l'attendaient des aventures merveilleuses et apaisantes.

Leo and the Sandman

Once upon a time, in a quiet little village, there was a boy named Leo. Leo was full of energy and curiosity. He loved exploring the forest, inventing stories, and playing with his friends. But every night, when it was time to go to bed, Leo had a big problem: he could never fall asleep.

His mother read him stories, his father sang lullabies, but nothing worked. Leo remained awake, eyes wide open, staring at the ceiling of his room. Every night, he listened to the sounds of the house, the ticking of the clock, the whistling of the wind, and even the snoring of his dog, Bouboule.

One night, as he tossed and turned in his bed, Leo noticed a strange light shining through his window curtains. Curious, he got up and looked outside. To his great surprise, he saw a little man with a pointy hat and a long silver beard, holding a golden lantern.

"Who are you?" asked Leo, opening the window.

"I am the Sandman," replied the man with a smile. "I travel every night to help children like you fall asleep."

"The Sandman?" Leo repeated, eyes wide with amazement. "Can you really help me sleep?"

"Of course," said the Sandman. "But first, you must accompany me on a very special journey."

Excited by the prospect, Leo quickly put on his slippers and quietly left the house. The Sandman held out his hand, and as soon as Leo took it, they were enveloped in a soft, warm light.

They found themselves in a magical place, a sparkling kingdom where the stars seemed within reach. Rivers of milk flowed between hills of cookies, and candy cane trees dotted the landscape.

"Welcome to the Dream Kingdom," said the Sandman. "Here, every star represents a child's dream."

Leo was in awe. He had never seen anything so beautiful. The Sandman led him through the kingdom, showing him dreams of all kinds: enchanted castles, space adventures, and journeys with talking animals.

"To help you sleep, we must find your perfect dream," the Sandman explained. "The one that will allow you to fall asleep peacefully every night."

They explored many dreams, but none seemed right for Leo. Finally, they arrived at a crystal-clear lake where gold and silver-scaled fish swam. The Sandman stopped and looked at Leo.

"The perfect dream is often hidden in the most peaceful places," he said gently. "Close your eyes and imagine the place where you feel the happiest."

Leo closed his eyes and thought of all the things he loved. He imagined the forest where he played with his friends, the stories his mother read to him, the lullabies his father sang, and even Bouboule's comforting snores.

Suddenly, a bright star detached from the sky and slowly descended towards Leo. When it touched him, he felt incredibly calm and peaceful. He opened his eyes and smiled at the Sandman.

"I think I found my perfect dream," he said.

The Sandman nodded with a smile.

"Now it's time to go home," he said. "Keep this dream in your heart, and it will help you fall asleep every night."

In the blink of an eye, Leo found himself back in his bed, his heart filled with serenity. He closed his eyes and thought of his perfect dream. Within moments, he fell into a deep sleep, a peaceful smile on his face.

From that night on, Leo never had trouble falling asleep again. Every evening, he closed his eyes and returned to the Dream Kingdom, where wonderful and soothing adventures awaited him.

L'Arc-en-Ciel Enchanté

Il était une fois, dans un petit village entouré de collines verdoyantes, une jeune fille nommée Clara. Clara était connue pour son imagination débordante et ses rêves pleins de couleurs. Chaque fois qu'il pleuvait et que le soleil réapparaissait, Clara courait dehors pour admirer les arcs-en-ciel. Elle était convaincue que quelque chose de magique se cachait au bout de chaque arc-en-ciel.

Un jour, après une averse de printemps, un arc-en-ciel particulièrement brillant apparut dans le ciel. Ses couleurs étaient si vives qu'elles semblaient danser dans l'air. Clara, les yeux pétillants, décida de suivre cet arc-en-ciel jusqu'à son extrémité.

« Maman, je pars à l'aventure ! » cria-t-elle en s'élançant hors de la maison.

Sa mère, habituée aux aventures de sa fille, lui fit un signe de la main en souriant.

Clara traversa les champs et les forêts, grimpant les collines et sautant par-dessus les ruisseaux, toujours avec l'arc-en-ciel comme guide. Plus elle avançait, plus elle sentait une étrange énergie l'envahir. Finalement, elle arriva à une clairière cachée, baignée d'une lumière douce et iridescente.

Au centre de la clairière, il y avait une porte en bois vieille et mystérieuse, couverte de lierre et de fleurs sauvages. Clara s'approcha de la porte et, avec un mélange d'excitation et de nervosité, l'ouvrit doucement.

De l'autre côté de la porte se trouvait un monde merveilleux, un royaume enchanté où les couleurs semblaient plus vives et les sons plus mélodieux. Les arbres étaient faits de sucre d'orge, les rivières coulaient de limonade, et les nuages étaient en barbe à papa.

« Bienvenue au Royaume de l'Arc-en-Ciel ! » résonna une voix joyeuse.

Clara se retourna et vit un petit être lumineux, flottant dans les airs. Il ressemblait à une fée, avec des ailes scintillantes et une couronne de fleurs.

« Je m'appelle Iris, dit la fée. Je suis la gardienne de ce royaume. Tu as suivi l'arc-en-ciel jusqu'ici, et cela signifie que tu as un cœur pur et un esprit curieux. »

Clara était émerveillée par tout ce qu'elle voyait. Iris l'emmena à travers le royaume, lui montrant des lieux incroyables : des prairies de fleurs chantantes, des montagnes de bonbons, et des forêts où les arbres jouaient de la musique.

« Pourquoi ce royaume est-il caché ? » demanda Clara.

« Ce royaume est un refuge, répondit Iris. Un endroit où l'imagination et la magie peuvent prospérer sans être perturbées. Les arcs-en-ciel sont les ponts entre notre monde et le vôtre, mais seuls ceux qui croient vraiment en la magie peuvent les traverser. »

Clara passa ce qui lui sembla être des heures à explorer le Royaume de l'Arc-en-Ciel. Elle rencontra des animaux parlants, fit des courses de nuages et goûta aux fruits les plus délicieux qu'elle ait jamais mangés. Mais, au fond de son cœur, elle savait qu'elle devait rentrer chez elle.

« Merci pour cette aventure incroyable, dit-elle à Iris. Je n'oublierai jamais ce que j'ai vu ici. »

« Tu es toujours la bienvenue, répondit Iris avec un sourire. Et n'oublie pas, la magie est partout, tant que tu continues à croire. »

Clara quitta le Royaume de l'Arc-en-Ciel avec un cœur rempli de joie et d'inspiration. Lorsqu'elle repassa la porte, elle se retrouva dans la clairière, l'arc-en-ciel s'estompant doucement dans le ciel. Elle rentra chez elle en courant, impatiente de raconter son aventure à sa mère.

« Maman, maman ! Tu ne croiras jamais ce que j'ai vu ! » cria Clara en arrivant.

Sa mère, souriant doucement, l'écouta attentivement. Clara raconta tout en détail, de la porte mystérieuse à la fée Iris, en passant par les merveilles du Royaume de l'Arc-en-Ciel.

« C'est une histoire merveilleuse, ma chérie, dit sa mère en la serrant dans ses bras. Je suis si heureuse que tu aies eu cette aventure. »

Cette nuit-là, Clara s'endormit avec des rêves pleins de couleurs et de magie. Elle savait que le Royaume de l'Arc-en-Ciel était un endroit spécial, mais elle réalisa aussi que la véritable magie résidait dans son propre cœur et dans sa capacité à croire en l'incroyable.

Et ainsi, chaque fois qu'un arc-en-ciel apparaissait dans le ciel, Clara souriait, sachant qu'une nouvelle aventure magique l'attendait peut-être au bout.

The Enchanted Rainbow

Once upon a time, in a small village surrounded by green hills, there lived a young girl named Clara. Clara was known for her vivid imagination and her colorful dreams. Whenever it rained and the sun reappeared, Clara would run outside to admire the rainbows. She was convinced that something magical was hidden at the end of every rainbow.

One day, after a spring shower, a particularly bright rainbow appeared in the sky. Its colors were so vivid they seemed to dance in the air. Clara, her eyes sparkling, decided to follow this rainbow to its end.

"Mom, I'm off on an adventure!" she shouted as she dashed out of the house.

Her mother, used to her daughter's adventures, waved with a smile.

Clara crossed fields and forests, climbed hills, and jumped over streams, always with the rainbow as her guide. The farther she went, the more she felt a strange energy filling her. Finally, she reached a hidden clearing, bathed in a soft, iridescent light.

In the center of the clearing was an old, mysterious wooden door, covered in ivy and wildflowers. Clara approached the door and, with a mix of excitement and nervousness, gently opened it.

On the other side of the door was a wonderful world, an enchanted kingdom where the colors seemed brighter and the sounds more melodic. The trees were made of candy canes, the rivers flowed with lemonade, and the clouds were made of cotton candy.

"Welcome to the Rainbow Kingdom!" a joyful voice echoed.

Clara turned around and saw a small luminous being floating in the air. It looked like a fairy, with sparkling wings and a crown of flowers.

"My name is Iris," said the fairy. "I am the guardian of this kingdom. You followed the rainbow here, which means you have a pure heart and a curious mind."

Clara was mesmerized by everything she saw. Iris took her through the kingdom, showing her incredible places: meadows of singing flowers, mountains of candy, and forests where the trees played music.

"Why is this kingdom hidden?" asked Clara.

"This kingdom is a sanctuary," replied Iris. "A place where imagination and magic can thrive without being disturbed. Rainbows are the bridges between our world and yours, but only those who truly believe in magic can cross them."

Clara spent what felt like hours exploring the Rainbow Kingdom. She met talking animals, raced on clouds, and tasted the most delicious fruits she had ever eaten. But deep in her heart, she knew she had to return home.

"Thank you for this incredible adventure," she said to Iris. "I will never forget what I saw here."

"You are always welcome," Iris replied with a smile. "And remember, magic is everywhere, as long as you keep believing."

Clara left the Rainbow Kingdom with a heart full of joy and inspiration. When she stepped back through the door, she found herself in the clearing, the rainbow fading gently in the sky. She ran home, eager to tell her mother about her adventure.

"Mom, mom! You won't believe what I saw!" Clara shouted as she arrived.

Her mother, smiling gently, listened attentively. Clara told her everything in detail, from the mysterious door to the fairy Iris and the wonders of the Rainbow Kingdom.

"That's a wonderful story, my dear," said her mother, hugging her tightly. "I'm so happy you had this adventure."

That night, Clara fell asleep with dreams full of colors and magic. She knew the Rainbow Kingdom was a special place, but she also realized that the true magic lay within her own heart and in her ability to believe in the incredible.

And so, every time a rainbow appeared in the sky, Clara smiled, knowing that a new magical adventure might be waiting at the end.

Les Crêpes Magiques de Grand-Mère

Le petit village de Merveilleville était connu pour ses maisons colorées, ses rues pavées et surtout, pour l'odeur délicieuse des crêpes qui s'échappait de la cuisine de Grand-Mère Berthe. Chaque matin, à l'aube, Grand-Mère Berthe, une dame aux cheveux argentés et aux yeux pétillants, préparait des crêpes pour ses petits-enfants et tous les enfants du village.

Un jour, Tom, son petit-fils préféré, décida qu'il était temps d'apprendre l'art de faire des crêpes avec sa grand-mère. Tom était un garçon curieux de neuf ans, toujours prêt pour une nouvelle aventure. Il se leva tôt ce matin-là, bien décidé à découvrir les secrets des crêpes magiques de Grand-Mère Berthe.

« Bonjour, Grand-Mère ! » s'exclama Tom en entrant dans la cuisine. « Aujourd'hui, je veux apprendre à faire des crêpes comme toi ! »

Grand-Mère Berthe sourit et posa un baiser sur le front de son petit-fils.

« Très bien, mon cher Tom, » dit-elle. « Mais faire des crêpes n'est pas une tâche ordinaire. Il faut de la patience, de l'amour, et peut-être même une pincée de magie. »

Tom ouvrit grand les yeux. De la magie ? Cela sonnait déjà comme une aventure extraordinaire.

« D'accord, par où commençons-nous ? » demanda Tom avec enthousiasme.

Grand-Mère Berthe prit un vieux livre de recettes qui semblait presque aussi vieux qu'elle. Elle l'ouvrit délicatement, révélant des pages jaunies et des illustrations magnifiques.

« Voici le Livre des Crêpes Magiques, » expliqua-t-elle. « Il contient toutes les recettes secrètes de notre famille. Commençons par la base : la pâte à crêpes. »

Elle sortit les ingrédients : de la farine, des œufs, du lait, et une pincée de sel. Mais, curieusement, elle ajouta également une fiole de liquide doré.

« Qu'est-ce que c'est ? » demanda Tom en regardant le liquide avec fascination.

« Ceci, mon cher, est l'ingrédient magique. Une goutte suffit pour rendre nos crêpes spéciales, » répondit Grand-Mère Berthe en souriant mystérieusement.

Tom observa attentivement chaque geste de sa grand-mère. Ils tamisèrent la farine, ajoutèrent les œufs un à un, puis le lait, en mélangeant délicatement. Enfin, Grand-Mère Berthe versa une goutte du liquide doré dans la pâte.

« Maintenant, laissons reposer la pâte, » dit-elle. « La patience est la clé. »

Pendant que la pâte reposait, Grand-Mère Berthe et Tom s'assirent dans le jardin, où les oiseaux chantaient et le soleil brillait. Grand-Mère Berthe raconta à Tom des histoires de son enfance, comment elle avait appris à faire des crêpes avec son propre grand-père.

« Il me disait toujours que les crêpes sont comme la vie, » expliqua-t-elle. « Parfois, elles ne se déroulent pas comme prévu, mais avec un peu d'amour et de magie, elles peuvent toujours être parfaites. »

Après un moment, ils retournèrent dans la cuisine. La pâte était prête. Grand-Mère Berthe alluma la poêle et montra à Tom comment verser la pâte pour obtenir une crêpe parfaite.

« Maintenant, vient la partie la plus délicate : le retournement, » dit-elle en souriant.

Tom prit une profonde inspiration et essaya de retourner la crêpe. Elle s'éleva dans les airs et, miraculeusement, retomba parfaitement dans la poêle. Tom éclata de rire, fier de son exploit.

« Bravo, Tom ! » s'exclama Grand-Mère Berthe. « Tu as l'étoffe d'un véritable maître des crêpes ! »

Ils continuèrent à faire des crêpes ensemble, en essayant différentes recettes du Livre des Crêpes Magiques. Il y avait des crêpes aux fruits, des crêpes au chocolat, et même des crêpes arc-en-ciel qui changeaient de couleur en cuisant.

Mais la recette la plus spéciale était celle des crêpes rêveuses. Grand-Mère Berthe expliqua que ces crêpes avaient le pouvoir de réaliser les rêves de ceux qui les mangeaient, à condition de croire très fort en leur souhait.

Tom et sa grand-mère préparèrent les crêpes rêveuses avec beaucoup de soin. Tom pensa très fort à son souhait : pouvoir voler comme un oiseau. Une fois les crêpes prêtes, ils les mangèrent avec délice.

Cette nuit-là, Tom fit un rêve extraordinaire. Il volait au-dessus de Merveilleville, ses ailes déployées comme celles d'un grand aigle. Il survolait les collines, les rivières, et même l'océan. Il se sentit libre et heureux comme jamais auparavant.

Le lendemain matin, Tom se réveilla avec un grand sourire. Il courut vers sa grand-mère pour lui raconter son rêve.

« Grand-Mère, ça a marché ! J'ai volé dans mon rêve ! » s'exclama-t-il.

Grand-Mère Berthe sourit tendrement.

« Les crêpes rêveuses sont vraiment spéciales, n'est-ce pas ? » dit-elle. « Elles ne réalisent peut-être pas les rêves dans la réalité, mais elles nous rappellent que tout est possible dans notre imagination. »

Tom embrassa sa grand-mère, reconnaissant pour cette leçon précieuse.

Et ainsi, chaque week-end, Tom et Grand-Mère Berthe continuaient à faire des crêpes ensemble. Ils inventaient de nouvelles recettes, ajoutaient des touches de magie, et partageaient des moments inoubliables. Leurs crêpes étaient non seulement délicieuses, mais elles étaient aussi le symbole de leur amour et de leur complicité.

Les enfants du village attendaient avec impatience chaque samedi matin pour déguster les crêpes de Grand-Mère Berthe et écouter les histoires fantastiques de Tom. Ensemble, ils apprirent que la vraie magie ne réside pas seulement dans les ingrédients spéciaux, mais aussi dans le temps passé avec ceux qu'on aime et dans les rêves que l'on partage.

Et ainsi, Merveilleville devint le village des crêpes magiques, où chaque crêpe racontait une histoire et chaque bouchée était un voyage dans l'imaginaire.

Grandma's Magic Pancakes

In the little village of Merveilleville, known for its colorful houses and cobblestone streets, there was a delightful aroma that always wafted from Grandma Berthe's kitchen. Every morning at dawn, Grandma Berthe, with her silver hair and sparkling eyes, would make pancakes for her grandchildren and all the children in the village.

One day, Tom, her favorite grandson, decided it was time to learn the art of making pancakes with his grandmother. Tom was a curious nine-year-old, always ready for a new adventure. He woke up early that morning, determined to discover the secrets of Grandma Berthe's magic pancakes.

"Good morning, Grandma!" Tom exclaimed as he entered the kitchen. "Today, I want to learn how to make pancakes like you!"

Grandma Berthe smiled and kissed her grandson on the forehead.

"Very well, my dear Tom," she said. "But making pancakes is not an ordinary task. It requires patience, love, and perhaps a pinch of magic."

Tom's eyes widened. Magic? This already sounded like an extraordinary adventure.

"Okay, where do we start?" Tom asked eagerly.

Grandma Berthe took out an old recipe book that seemed almost as old as she was. She opened it carefully, revealing yellowed pages and beautiful illustrations.

"This is the Book of Magic Pancakes," she explained. "It contains all the secret recipes of our family. Let's start with the basics: the pancake batter."

She brought out the ingredients: flour, eggs, milk, and a pinch of salt. But curiously, she also added a vial of golden liquid.

"What's that?" Tom asked, looking at the liquid with fascination.

"This, my dear, is the magic ingredient. One drop is enough to make our pancakes special," Grandma Berthe replied with a mysterious smile.

Tom watched every move of his grandmother intently. They sifted the flour, added the eggs one by one, then the milk, mixing gently. Finally, Grandma Berthe poured a drop of the golden liquid into the batter.

"Now, we let the batter rest," she said. "Patience is key."

While the batter rested, Grandma Berthe and Tom sat in the garden, where the birds sang and the sun shone. Grandma Berthe told Tom stories of her childhood, how she learned to make pancakes from her own grandfather.

"He always told me that pancakes are like life," she explained. "Sometimes, they don't turn out as expected, but with a little love and magic, they can always be perfect."

After a while, they returned to the kitchen. The batter was ready. Grandma Berthe heated the pan and showed Tom how to pour the batter to make a perfect pancake.

"Now comes the most delicate part: the flip," she said with a smile.

Tom took a deep breath and tried to flip the pancake. It soared into the air and, miraculously, landed perfectly back in the pan. Tom burst into laughter, proud of his achievement.

"Bravo, Tom!" Grandma Berthe exclaimed. "You have the makings of a true pancake master!"

They continued making pancakes together, trying different recipes from the Book of Magic Pancakes. There were fruit pancakes, chocolate pancakes, and even rainbow pancakes that changed color as they cooked.

But the most special recipe was the Dreamy Pancakes. Grandma Berthe explained that these pancakes had the power to make the dreams of those who ate them come true, as long as they believed in their wish very strongly.

Tom and his grandmother prepared the Dreamy Pancakes with great care. Tom thought very hard about his wish: to be able to fly like a bird. Once the pancakes were ready, they ate them with delight.

That night, Tom had an extraordinary dream. He was flying over Merveilleville, his wings spread like those of a great eagle. He soared over hills, rivers, and even the ocean. He felt free and happy like never before.

The next morning, Tom woke up with a big smile. He ran to his grandmother to tell her about his dream.

"Grandma, it worked! I flew in my dream!" he exclaimed.

Grandma Berthe smiled tenderly.

"Dreamy Pancakes are truly special, aren't they?" she said. "They might not make dreams come true in reality, but they remind us that anything is possible in our imagination."

Tom hugged his grandmother, grateful for this precious lesson.

And so, every weekend, Tom and Grandma Berthe continued making pancakes together. They invented new recipes, added touches of magic, and shared unforgettable moments. Their pancakes were not only delicious but also a symbol of their love and companionship.

The children of the village eagerly awaited every Saturday morning to taste Grandma Berthe's pancakes and listen to Tom's fantastic stories. Together, they learned that true magic lies not just in special ingredients but in the time spent with loved ones and the dreams they share.

And thus, Merveilleville became the village of magic pancakes, where every pancake told a story, and every bite was a journey into the imagination.

L'Autruche la Plus Forte du Monde

Dans un coin pittoresque de la savane, où les herbes ondulent comme des vagues dorées, vivait une autruche pas tout à fait comme les autres. Elle s'appelait Olga et, malgré ses plumes d'un noir éclatant et son long cou élégant, Olga n'était pas seulement la plus grande autruche de la savane ; elle était aussi la plus forte du monde. Oui, vous avez bien entendu : la plus forte du monde !

Olga était fière de sa force, mais elle était aussi une autruche modeste. Elle n'aimait pas se vanter, bien que sa force soit remarquable. Les autres animaux de la savane adoraient raconter des histoires sur les exploits incroyables d'Olga. Ils disaient qu'elle pouvait soulever des pierres énormes, courir plus vite que le vent, et même pousser un arbre entier si elle le désirait. Mais Olga préférait utiliser sa force pour aider les autres plutôt que pour se faire remarquer.

Un jour, un grand tournoi de force et de vitesse fut annoncé dans la savane. Les animaux de toutes sortes se rassemblèrent pour participer, espérant prouver leur supériorité. Les lions rugissants, les éléphants puissants, les girafes élancées et même les minuscules fourmis se préparèrent pour les épreuves. Olga, bien qu'elle fût la favorite, décida de ne pas s'inscrire. Elle avait une autre idée en tête.

En attendant le tournoi, Olga passa ses journées à aider ses amis. Elle aida les zèbres à traverser les rivières tumultueuses en les transportant sur son dos, soutint les rhinocéros fatigués en les guidant vers des pâturages plus verts, et déplaça des rochers pour ouvrir des sentiers aux animaux perdus. Sa force était légendaire, mais ce qui était encore plus remarquable était son cœur généreux.

Mais un événement inattendu allait bouleverser le calme de la savane. Une terrible sécheresse frappa la région. Les rivières se desséchèrent, les pâturages se transformèrent en terres arides, et la nourriture se fit rare. Les animaux, paniqués, se rassemblèrent pour discuter de la situation.

« Nous devons trouver une solution, » dit le lion en chef, ses yeux remplis d'inquiétude. « Sans eau ni nourriture, nous ne pourrons pas survivre longtemps. »

« Peut-être qu'Olga pourrait nous aider, » proposa une girafe. « Elle est la plus forte de tous. »

Le lion hocha la tête. Il savait que, malgré la sécheresse, Olga pourrait faire la différence. Il alla trouver l'autruche qui, bien entendu, était en train de déplacer de grosses pierres pour aider un troupeau de gazelles.

« Olga, la situation est grave. Nous avons besoin de ton aide pour trouver une solution à cette sécheresse, » dit le lion.

Olga écouta attentivement. Elle savait que la sécheresse mettait tout le monde en danger, et elle était déterminée à faire quelque chose. Elle réfléchit un moment puis proposa une idée audacieuse.

« Je vais partir à la recherche d'une source d'eau souterraine. Avec ma force, je peux creuser un puits assez profond pour atteindre l'eau, » dit-elle avec détermination.

Les animaux étaient sceptiques mais espéraient qu'Olga réussirait. Ils l'aidèrent à se préparer pour cette mission difficile. Olga se mit en route, traversant la savane brûlante avec une détermination sans faille.

Le voyage fut long et épuisant. Olga utilisa toute sa force pour creuser un puits profond dans le sol aride. Les autres animaux la soutenaient de loin, en attendant avec impatience les nouvelles. Jour après jour, ils voyaient la poussière soulevée par le travail acharné d'Olga, et ils priaient pour qu'elle réussisse.

Enfin, après de longues semaines de travail acharné, Olga atteignit une source d'eau souterraine. L'eau jaillit du puits avec une force incroyable, remplissant le trou jusqu'à déborder. Les animaux, voyant l'eau abondante, poussèrent des cris de joie.

Olga, épuisée mais heureuse, revint parmi les animaux qui l'accueillirent en héroïne. Grâce à elle, la savane avait retrouvé son eau, et les animaux pouvaient enfin se nourrir et s'hydrater. La sécheresse avait été surmontée grâce à l'effort et à la force d'Olga.

Le tournoi de force et de vitesse, qui avait été reporté à cause de la sécheresse, fut finalement organisé. Les animaux se rassemblèrent pour honorer non seulement les participants mais aussi Olga pour son courage et sa générosité. Lors de la cérémonie, le lion en chef lui remit une médaille spéciale, non pas pour sa force, mais pour son esprit héroïque et son grand cœur.

Olga accepta la médaille avec modestie et un sourire. Elle savait que la véritable force ne résidait pas seulement dans le pouvoir physique, mais aussi dans la volonté d'aider les autres et de faire le bien.

À partir de ce jour, les histoires sur Olga, l'autruche la plus forte du monde, furent racontées non seulement pour sa force physique, mais aussi pour sa bravoure et sa gentillesse. Les enfants de la savane grandirent en apprenant que la véritable grandeur vient du cœur, et que la plus grande force est celle qui est utilisée pour le bien des autres.

Et ainsi, dans le magnifique royaume de la savane, l'histoire d'Olga la plus forte se répandit comme une légende, inspirant toutes les créatures à être fortes, courageuses, et généreuses, exactement comme elle.

The Strongest Ostrich in the World

In a picturesque corner of the savannah, where the grasses waved like golden seas, lived an ostrich unlike any other. Her name was Olga, and despite her jet-black feathers and elegant long neck, Olga was not only the tallest ostrich in the savannah; she was also the strongest in the world. Yes, you heard that right: the strongest in the world!

Olga was proud of her strength, but she was also a modest ostrich. She didn't like to boast, even though her strength was remarkable. The other animals in the savannah loved to tell stories about Olga's incredible feats. They said she could lift enormous stones, run faster than the wind, and even push an entire tree if she wished. But Olga preferred to use her strength to help others rather than to draw attention to herself.

One day, a grand strength and speed tournament was announced in the savannah. Animals of all kinds gathered to participate, hoping to prove their superiority. Roaring lions, powerful elephants, graceful giraffes, and even tiny ants prepared for the challenges. Although Olga was the favorite, she decided not to sign up. She had another idea in mind.

While waiting for the tournament, Olga spent her days helping her friends. She helped zebras cross turbulent rivers by carrying them on her back, supported tired rhinos by guiding them to greener pastures, and moved rocks to open paths for lost animals. Her strength was legendary, but what was even more remarkable was her generous heart.

But an unexpected event was about to disrupt the calm of the savannah. A terrible drought struck the region. Rivers dried up, pastures turned into arid lands, and food became scarce. The animals, panicked, gathered to discuss the situation.

"We need to find a solution," said the chief lion, his eyes filled with worry. "Without water and food, we won't survive for long."

"Maybe Olga could help us," suggested a giraffe. "She is the strongest of all."

The lion nodded. He knew that, despite the drought, Olga could make a difference. He went to find the ostrich, who was, of course, in the process of moving large stones to help a herd of gazelles.

"Olga, the situation is dire. We need your help to find a solution to this drought," said the lion.

Olga listened carefully. She knew the drought was endangering everyone, and she was determined to do something. She thought for a moment and then proposed a bold idea.

"I will go in search of an underground water source. With my strength, I can dig a well deep enough to reach the water," she said with determination.

The animals were skeptical but hoped Olga would succeed. They helped her prepare for this difficult mission. Olga set out, traversing the scorching savannah with unwavering determination.

The journey was long and exhausting. Olga used all her strength to dig a deep well into the arid soil. The other animals supported her from afar, waiting anxiously for news. Day after day, they saw the dust rising from Olga's hard work, and they prayed she would succeed.

Finally, after many weeks of hard work, Olga reached an underground water source. Water gushed from the well with incredible force, filling the hole to overflow. The animals, seeing the abundant water, cheered with joy.

Olga, exhausted but happy, returned among the animals who welcomed her as a heroine. Thanks to her, the savannah had regained its water, and the animals could finally eat and drink. The drought had been overcome thanks to Olga's effort and strength.

The strength and speed tournament, which had been postponed due to the drought, was finally held. The animals gathered to honor not only the participants but also Olga for her bravery and generosity. At the ceremony, the chief lion presented her with a special medal, not for her strength, but for her heroic spirit and big heart.

Olga accepted the medal with modesty and a smile. She knew that true strength did not only lie in physical power but also in the will to help others and do good.

From that day on, stories about Olga, the strongest ostrich in the world, were told not only for her physical strength but also for her courage and kindness. The children of the savannah grew up learning that true greatness comes from the heart, and that the greatest strength is the one used for the good of others.

And so, in the magnificent realm of the savannah, the story of Olga the strongest spread like a legend, inspiring all creatures to be strong, courageous, and generous, just like her.